물 빼고 다섯 가지 재료,
초간편 집밥 레시피

물 빼고 다섯 가지 재료,
초간편 집밥 레시피

매일매일 건강하게! 간단하고 맛있게!

최은숙
박슬기

책을 내며

물 빼고 다섯 가지 재료로 간편하고 맛있게!

내가 나를 어떻게 가꾸느냐에 따라서 마음과 몸이 달라진다.

음식은 또 다른 나라고 생각한다. '내가 음식을 어떻게 만드느냐?' 에 따라서 먹는 사람을 생각하는 마음은 큰 차이가 있다. 가장 기본적인 식재료부터 어떻게 구입하고 손질하고 만들어서 밥상에 올리기까지의 마음, 그 마음이 중요하다. 먹는 사람을 생각하는 마음, 준비하는 마음이 배려이고 정성이기 때문이다.

요즘 식재료가 계절과 관계없이 흔하게 생산된다. 그럼에도 불구하고 나는 제철 식재료를 한 번이라도 그 철에 먹어야 한다고 주장하는 사람 중 하나다. 예를 들어 여름 오이와 겨울 오이가 맛이 다르다. 겨울 오이는 비닐하우스에서 자라기 때문에 맛이 좀 싱겁다. 그러나 여름 오이는 뜨거운 태양과 바람을 맞으며 자라 맛이 신선하고 짭조름하기까지 하다. 그래서 제철에 나오는 식재료를 꼭 먹고 계절을 보내라고 말하고 싶다.

이것저것 들어가는 것이 많은 우리나라 요리법, 이제 복잡하지 않다!

양념을 포함 물 빼고 단 다섯 가지 재료로 간단하고 맛있게! 매일매일 건강하고 색다르게! 이 책이 추구하고 있는 점이다.

제철 식재료를 이용한 음식, 코로나 19로 인해 집에서 해 먹는 시간이 많아지면서 복잡한 조리로 음식을 만드는 피로감을 없애기 위해, 이 책은 간단한 조리법으로 기본이 되는 밥, 반찬 그리고 근사한 메인 음식까지 차릴 수 있도록 했다.

나의 두 번째 책을 독자들의 주방에 데뷔할 수 있도록 도움을 주신 분들께 감사의 인사를 전하고 싶다. 마흔 넘어 공부한다는 아내를 지지하며 뒷바라지해준 나의 첫사랑, 나의 짝꿍 서방님, 늘 일하는 엄마를 도와주는 사랑스러운 아들, 딸 그리고 늘 최고라고 칭찬해주시는 가족들, 언제나 열정을 잃지 않게 버팀목이 되어주시는 숙명여자대학교 정희선 교수님, 늘 할 수 있다고 아낌없는 지지와 용기를 주시는 바라예술성장연구소 김태희 소장님, 책이 세상에 나올 수 있게 도와주신 밥북 여러분, 그리고 그림을 너무 잘 표현해주신 정소이 선생님, 늘 부족한 나에게 힘이 되어주는 로지자연음식공방 식구들에게 감사를 드린다.

로지자연음식공방 대표 **최은숙**

목차

PART 1
기본 요리법과 계절별 식재료

PART 2
매일매일 5요리

쉽고 간단한 한 그릇 밥

PART 1

기 본　　요 리 법 과
계 절 별　　식 재 료

요리의 기초

처음 이 책을 구상할 때 독자들에게 꼭 알려주고 싶은 것이 '요리는 어렵지 않다'라는 점이었어요. 수많은 요리책과 콘텐츠들이 있지만 막상 집에서 만들어보려면 필요한 재료는 왜 그렇게 많으며, 우리 집에는 없는 주방기구들까지. 그 때문에 쉽게 포기하고 오늘도 배달음식을 시키곤 하죠.

그래서 생각한 요리가 지금 당장 우리 집 찬장, 냉장고를 열면 누구나 가지고 있을 법한 양념과 재료로 근사한 한 끼를 차려내는 것이었어요.

요리는 어렵지 않아요. 내가 가지고 있는 재료들로도 충분히 '맛있는 아는 맛'을 만들어 낼 수 있답니다.

책에서 사용한 장(醬)

책에서 사용한 장(醬, 된장, 고추장, 간장, 쌈장) 양념은 시중에서 파는 국산재료로 만든 장(醬)을 사용했습니다.

책에서 사용한 양념(식용유, 소금, 참기름, 깨소금, 고춧가루, 후추, 설탕 등) 양념은 각 가정에서 일반적으로 있는 것을 사용했습니다.

이 책의 맛 내기 비법

1. 조미료를 사용하지 않고 식재료가 가지고 있는 기본 맛에 충실한 것이 맛 내기 비법입니다.
2. 양념을 과하지 않게 최소로 사용한 것이 맛 내기 비법입니다.
3. 제철 식재료, 시장 마트에서 쉽게 구할 수 있는 식재료로 만든 것이 맛 내기 비법입니다.
4. 토장국(된장, 고추장 등)을 끓일 때는 될 수 있으면 쌀뜨물을 사용하여 더 깊은 맛을 내도록 한 것이 맛 내기 비법입니다.
5. 국, 전골 등 국물이 있는 것을 끓일 때는 강 불에서 끓어오르면 중, 약 불로 줄여 은근하게 끓여야 맛이 더 있는 맛 내기 비법입니다.
6. 다시마 육수를 사용할 경우 알긴산 성분 때문에 끈적이는 것이 싫은 분들은 끓을 때 다시마를 꺼내거나 끓이지 않고 1시간 정도 찬물에 담갔다가 사용한 것이 맛 내기 비법입니다.

일반 스푼과 계량컵 사용법

책에서 사용한 계량 단위

보통 요리책에서는 계량스푼과 계량컵을 사용하지만 아마 없는 분들이 더 많을거예요. 그래서 우리 책에서는 밥숟가락과 종이컵을 기준으로 합니다.

* 가루, 장(된장, 고추장, 쌈장 등)은 깎아서 계량을 해야 정확합니다.
* 소금, 후추 등에 쓰인 약간, 조금 등의 표현은 개인의 기호에 따라 양을 조절합니다.

밥숟가락 1스푼

밥숟가락 1수저 = 10mL

* 소복하게 숟가락 가득 계량하면 계량 스푼의 1T와 비슷한 양이에요. 우리책의 1T는 모두 밥숟가락 기준입니다.

계량스푼 1스푼

계량스푼 1큰술(1T)=15mL
계량스푼 1작은술(1t)=5mL

계량컵 1컵

계량컵 1컵 = 200mL
종이컵 한 컵= 200mL (200cc) = 200g

따스하고 덥고

| 따뜻한 날 식재료 | 두릅, 풋마늘, 유채나물, 세발나물 등 |

달래

돌나물

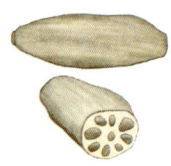

연근

취나물

쑥

| 더운 날 식재료 | 깻잎, 감자, 노란호박, 오이, 양파 등 |

가지

고구마

오디

토마토

애호박

선선한 날 식재료   도라지, 더덕, 아욱, 참나물, 무, 브로콜리, 배추 등

당근   대추   우엉   은행

단호박   늙은호박   파

추운 날 식재료

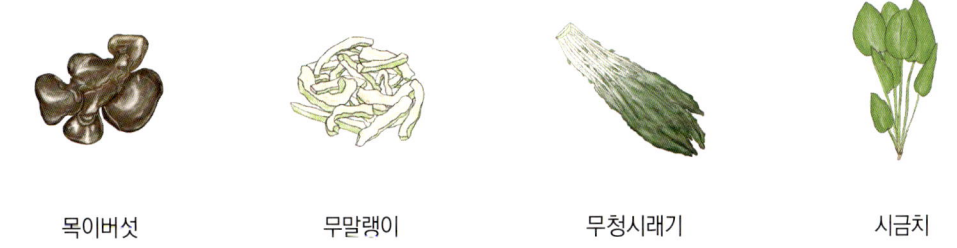

목이버섯   무말랭이   무청시래기   시금치

쉽고 간단한 한 그릇밥

휘리릭 간단하고 맛있는 볶음 반찬

밥 한 그릇 뚝딱 달콤 짭짤 조림 요리

입맛 돋우는 새콤달콤 무침 요리

지글지글 입이 즐거운 전 요리

호로록 국물, 찌개 음식

쉽게 만드는 색다른 김치

한 그릇으로 행복한 밥 음식

따뜻한 국물과 함께하는 후루룩 맛있는 면 음식

간단하게 만드는 근사한 메인 음식

PART 2

매일 매일
5 요 리

쉽고 간단한 한 그릇 밥

(밥 기준은 2인, 쌀 1컵 200g 기준)

두릅밥 (봄 1)

재료 준비하기

+ 물 350mL

두릅 4뿌리   쌀 1컵

두릅밥 만들기

1 두릅은 깨끗이 씻고 밑동을 잘라 한입 크기로 자른 후 물 350mL를 냄비에 넣고 물이 끓으면 두릅을 넣고 데친다. 데친 물은 육수로 준비한다.

2 쌀을 씻어서 불린다.

3 냄비에 쌀과 두릅 데친 물(250ml)을 넣고 강 불에서 밥을 한다.

4 밥물이 끓어 넘칠 때 불을 끄고 5분정도 지난 후 데친 두릅을 넣고 약 불에서 뜸을 들인다.

  * 뜸 들일 때 위아래로 뒤적여서 밥물이 없으면 물을 밥 스푼으로 6~7스푼 정도 넣는다.

냉이바지락밥 (봄 2)

재료 준비하기

+ 물 300mL+500mL

냉이 70g　　　　쌀 1컵　　　　바지락 살 10개　　　맛술 1스푼

냉이바지락밥 만들기

1　쌀을 깨끗이 씻어서 불린다.

2　냉이는 다듬은 후 깨끗이 씻고 끓는 물(300mL)에 살짝 데쳐서 2~3cm씩 자르고 데친 물은 육수로 준비한다.

3　바지락은 해감한 후 물 500mL를 넣고 강 불에서 끓여서 체에 걸러 육수를 준비한다.

4　냄비에 쌀과 바지락 육수, 냉이 데친 물을 넣고 강 불에서 밥을 한다.

5　밥이 막 끓어오르면 불을 끄고 손질한 냉이를 넣는다.

6　5분 뒤 쌀 위에 밥물이 다 없어지면 앞, 뒤로 뒤적여서 바지락살을 넣고 약한 불로 5분 정도 뜸들인다.

7　밥이 다 익으면 섞어 푼다.

* 맨 처음부터 냉이를 넣고 밥을 하면 냉이가 질기다.
* 냉이만 가지고 냉이 밥을 할 경우 냉이 데친 물을 밥물로 잡아서 밥을 하면 더 맛있다.

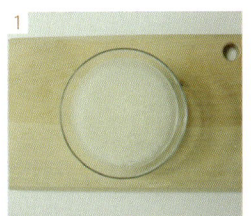

오디밥 (여름 1)

재료 준비하기

+ 물 250mL

오디 100g   쌀 1컵

오디밥 만들기

1 쌀을 깨끗이 씻어서 불린다.

2 냄비에 쌀과 물을 넣고 강 불에서 밥을 한다.

3 밥이 막 끓어오르면 불을 끄고 5분 뒤 쌀 위에 밥물이 다 없어지면 앞, 뒤로 뒤적여서 오디를 넣고
   약한 불로 5분 정도 뜸 들인다.

4 밥 뜸이 들어 쌀알이 퍼지면 섞어서 푼다.

가지밥 (여름2)

재료 준비하기

+ 물 200mL

가지 1개   쌀 1컵

가지밥 만들기

1 쌀을 깨끗이 씻어서 불린다.

2 가지는 반으로 잘라 4등분 한다.

2 냄비에 쌀과 물을 넣고 강 불에서 밥을 한다.

3 밥이 막 끓어오르면 불을 끄고 5분 뒤 쌀 위에 밥물이 다 없어지면 앞, 뒤로 뒤적여서 가지를 넣고
   약한 불로 5분 정도 뜸 들인다.

4 밥 뜸이 들어 쌀알이 퍼지면 섞어서 푼다.

* 가지는 수분이 많은 식재료로 밥물을 적게 한다.

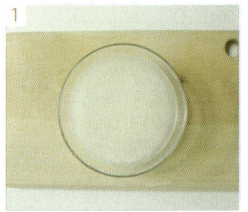  

영양밥 (가을 1)

재료 준비하기

+ 물 250mL

| 쌀 1컵 | 대추 2개 | 밤 2개 | 수삼 1뿌리 | 은행 5알 |

영양밥 만들기

1   쌀을 깨끗이 씻어서 불린다.

2   대추는 돌려 깎아 씨를 제거하고 채 썬다.

3   밤은 속껍질까지 제거하고 4등분 한다.

4   수삼은 깨끗이 씻어서 한입 크기로 어슷 썬다.

5   은행은 끓는 물에 데쳐서 속 껍질을 제거한다.

6   밥솥에 찹쌀, 대추, 밤, 수삼, 은행, 물을 넣고 밥을 한다.

7   밥이 다 익으면 섞어 푼다.

   * 찹쌀을 사용하면 쫀득한 식감을 느낄 수 있다.

우엉밥 (가을 2)

재료 준비하기

우엉 1/2대 (100g)   쌀 1컵   한식 간장
1/2스푼   들기름
1/2 스푼

우엉밥 만들기

1   우엉을 깨끗하게 씻어서 껍질을 긁어낸 다음 채 썬다.

2   채 썬 우엉을 들기름과 한식 간장에 버무려 놓는다.

3   쌀을 깨끗이 씻어서 불린다.

4   냄비에 우엉과 쌀을 넣고 강 불에서 끓어오르면 불을 끄고 5분 뒤 쌀 위에 밥물이 다 없어지면 앞,
    뒤로 뒤적여서 약한 불로 5분 정도 뜸 들인다.

* 압력밥솥일 경우 맨 처음부터 쌀, 양념한 우엉, 물과 함께 넣고 밥을 한다.

* 채 칼을 이용하면 채를 곱게 칠 수 있다.

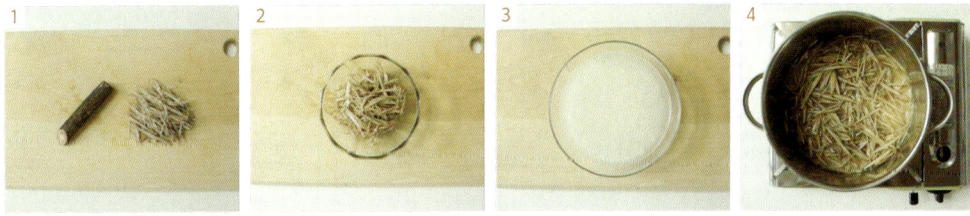

굴밥 (겨울1)

재료 준비하기

+ 물 200mL

굴 100g

쌀 1컵

청주 1/2스푼

소금물 준비하기

+ 물 200mL

소금 1/2스푼

굴밥 만들기

1 쌀을 깨끗이 씻어서 불린다.

2 굴을 소금물에 씻어서 체에 넣어 물기를 뺀다.

3 냄비에 쌀과 물을 넣고 강 불에서 밥을 한다.

4 밥이 끓어오르면 불을 끄고 5분 뒤 쌀 위에 밥물이 다 없어지면 앞, 뒤로 뒤적인 다음 굴을 올리고
   약한 불로 5분 정도 뜸 들인다.

5 밥이 다 익으면 섞어 푼다.

무청시래기밥 (겨울 2)

재료 준비하기

+ 물 250mL

불린 무청 시래기 50g	쌀 1컵	당근 20g	한식 간장 1/2스푼	참기름 1/2 스푼

무청시래기밥 만들기

1 쌀을 깨끗이 씻어서 불린다.

2 무청 시래기의 겉껍질을 제거하고 한입 크기로 자른다.

3 당근은 곱게 채 썬다.

4 냄비에 자른 무청 시래기와 참기름, 한식 간장을 넣고 조물조물한다.

5 조물조물한 무청 시래기에 쌀과 채 썬 당근, 물을 넣고 강 불에서 밥을 한다.

6 밥이 끓어오르면 불을 끄고 5분 뒤 쌀 위에 밥물이 다 없어지면 앞, 뒤로 뒤적인 다음 약한 불로 5분 정도 뜸 들인다.

7 밥이 다 익으면 섞어 푼다.

  * 압력밥솥일 경우 맨 처음부터 쌀, 무청 시래기, 채 썬 당근, 물을 함께 넣고 밥을 한다.

  * 무청 시래기 껍질을 벗기지 않으면 질기다.

기본 양념간장, 약 고추장, 비벼 먹는 쌈장

기본 양념간장

+ 깨소금 1/3스푼

| 간장 2스푼 | 설탕 1스푼 | 참기름
1스푼 | 고춧가루
1/2스푼 |

1   볼에 간장, 설탕, 참기름, 깨소금, 고춧가루를 넣고 섞는다.

   * 달래, 쪽파, 대파 등을 넣어서 만들어 먹어도 좋다.

약 고추장

| 다진 소고기 1스푼 | 고추장
2스푼 | 다진 마늘
1스푼 | 올리고당
1/2스푼 | 식용유
1스푼 |

1   팬에 식용유를 넣고 다진 마늘을 넣어 향을 낸 다음 다진 소고기, 고추장, 올리고당을 넣고 섞어가
   면서 중불에서 소고기가 익을 때까지 3분 정도 볶는다.

비벼 먹는 쌈장

| 고추장
1스푼 | 된장
1T스푼 | 다진 파
1스푼 | 참기름
1스푼 | 올리고당
1스푼 |

1   볼에 고추장, 된장, 다진 파, 참기름, 올리고당을 넣고 섞는다.

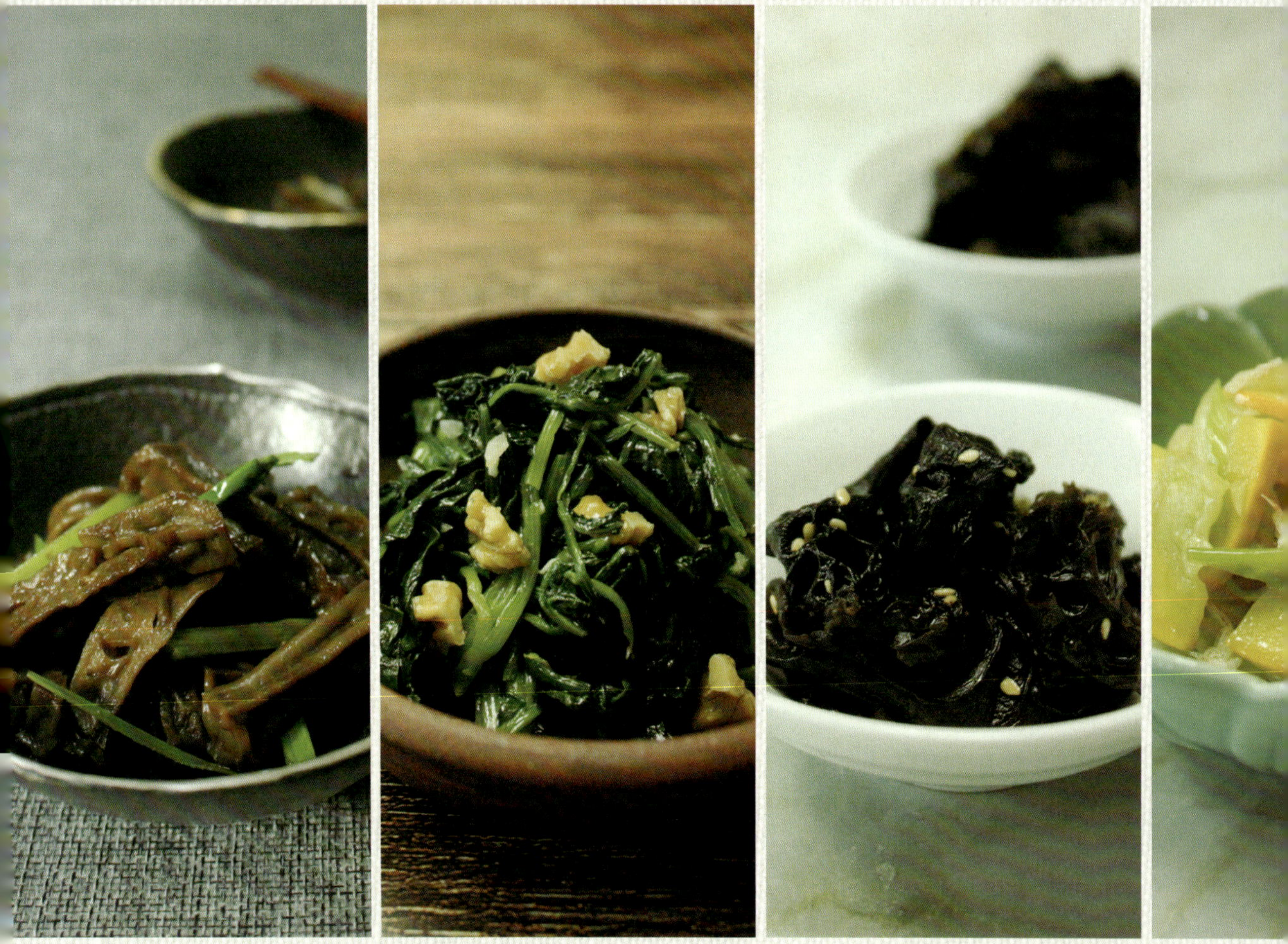

도토리건조묵볶음

호두시금치볶음

목이버섯볶음

노란호박볶음

매콤마름새우볶음

유부볶음

마른파래볶음

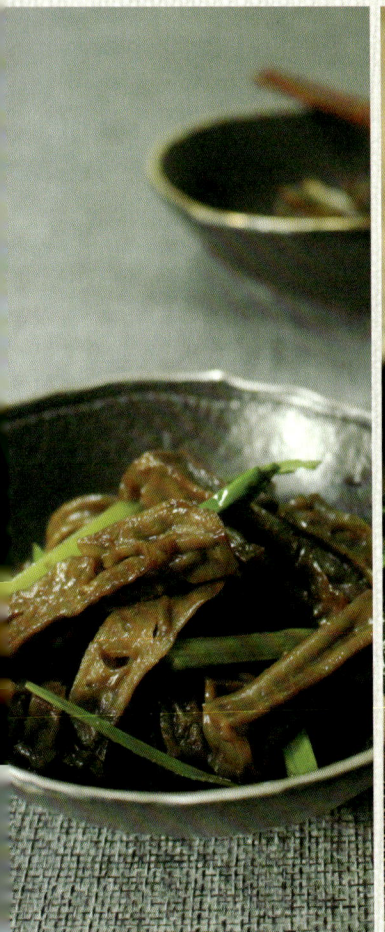

휘~리릭 간단하고 맛있는 볶음 반찬

도토리건조묵볶음

재료 준비하기

불린 도토리묵 100g

양념 준비하기

대파 1/2개 　　간장 1스푼 　　설탕 1/2스푼 　참기름 1스푼

도토리 건조 묵볶음 만들기

1　도토리 건조 묵을 미지근한 물에 1시간 정도 불린다.

2　양념장을 만든다.

3　대파를 어슷 썬다.

4　불린 묵에 양념장 넣고 버무려 1~2분 정도 재워둔다.

5　팬에 묵과 어슷 썬 대파를 넣고 중불에서 3분 정도 볶는다.

　* 도토리 건조 묵 10g을 불리면 30g 정도 된다.

휘~리릭 간단하고
맛있는 볶음 반찬

호두시금치볶음

재료 준비하기

+ 올리브유 1스푼

| 시금치 1/2단 (200g) | 호두 20g | 소금 1/3스푼 | 다진 마늘 1/2스푼 |

호두시금치볶음 만들기

1 시금치는 꼭지와 이물질을 제거하고 5cm 길이로 자른 후 끓는 물에 소금(1/2스푼)을 넣고 데쳐서 물기를 제거한다.

2 호두는 작은 크기로 자른다.

3 팬에 올리브유, 다진 마늘, 시금치, 호두, 소금을 넣고 강 불에서 2분 정도 볶는다.

4 다 볶은 호두 시금치를 접시에 담아낸다.

* 올리브유 대신 식용유(콩기름)를 사용해도 좋다.

휘~리릭 간단하고
맛있는 볶음 반찬

목이버섯볶음

재료 준비하기

목이버섯 10g

양념 준비하기

간장 1스푼	설탕 1/2스푼	참기름 1/2스푼	통깨 1/3스푼

목이버섯볶음 만들기

1 목이버섯을 찬물에 20분간 불린다.

2 불린 목이버섯을 먹기 좋은 크기로 자른다.

3 양념장을 만든다.

4 팬에 불린 목이버섯과 양념장을 넣고 중불에서 볶는다.

* 목이버섯 10g을 불리면 20g이 된다.

노란호박볶음

재료 준비하기

노란 애호박
1/2개(300g)

대파 1개

새우젓
1스푼

통깨
1/2스푼

식용유
1스푼

노란호박볶음 만들기

1 노란 호박을 깨끗이 씻어서 반을 잘라 한입 크기 반달 모양으로 썬다.

2 대파는 어슷 썬다.

3 팬에 노란 호박, 대파, 새우젓, 식용유를 넣고 중불에서 5분 정도 볶는다.

4 노란 호박이 다 익으면 통깨를 넣고 버무려 준다.

5 접시에 담는다.

* 큰 호박은 4등분 해서 부채꼴 모양으로 자른다.

매콤마른새우볶음

재료 준비하기

마른 새우 30g   청양고추 1개   검은깨
1/2스푼

양념 준비하기

올리고당 1스푼   식용유 1스푼

매콤 마른새우볶음 만들기

1   새우를 맨 팬에서 살짝 볶아 비린내를 없애준다.

2   청양고추는 씨를 빼고 잘게 다진다.

3   팬에 양념을 넣고 강 불에서 끓으면 새우, 청양고추를 넣고 중불로 줄인 후 빠르게 1분 정도 볶는다.

4   다 볶으면 검은깨를 넣고 섞어준다.

5   접시에 담아서 낸다.

* 청양고추 대신 고추장을 사용해도 좋다.

유부볶음

재료 준비하기

유부 50g 　　검은깨
　　　　　　　1/4스푼

유부볶음 만들기

간장 1스푼 　올리고당 　식용유
　　　　　　　1/2스푼 　　1스푼

유부볶음 만들기

1 유부는 1cm 간격으로 채 썰어서 뜨거운 물에 데친다.

2 데친 유부는 물기를 제거한다.

3 양념장을 만든다.

4 팬에 유부, 양념장을 넣고 중불에서 2분 정도 볶는다.

5 다 볶은 유부에 검은깨를 넣고 섞어서 접시에 담는다.

 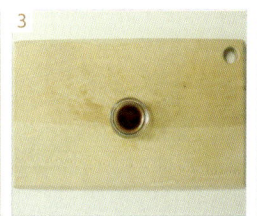 

마른파래볶음

재료 준비하기

마른 파래 30g   소금 1/2스푼   통깨 1스푼   식용유
1스푼

마른파래볶음 만들기

1   마른 파래를 먹기 좋은 한입 크기로 자른다.

2   큰 팬에 자른 마른 파래, 소금, 식용유, 깨소금을 넣고 바락바락 양념이 다 스며들게 주무른다.

3   중, 약 불에 파래가 검은 초록색, 바싹 해질 때까지 볶는다.

4   접시에 담아서 낸다.

밥 한 그릇 뚝딱 달콤 짭짤 조림 요리

표고버섯조림

재료 준비하기

표고버섯 4개

양념장 준비하기

+ 물 1/2컵(100)mL

간장 3스푼 　올리고당 　참기름
　　　　　　2스푼 　　1스푼

표고버섯조림

1 표고버섯은 마른행주로 먼지를 제거한 후 3~4등분 한다.

2 양념장을 만든다.

3 냄비에 양념장을 넣고 강 불에서 끓어오르면 표고버섯을 넣고 2분간 끓인 후 불을 끈다.

4 그릇에 담아서 낸다.

　* 미니 새송이버섯으로 조림을 해도 좋다.

고추장감자조림

재료 준비하기

감자 1개

양파 1/4개

통깨 1/3스푼

양념장 준비하기

+ 물 200mL

고추장 1스푼

식용유
1/2스푼

고추장감자조림 만들기

1 감자는 껍질을 벗기고 한입 크기로 깍둑썰기한다.

2 양파는 감자와 같은 한입 크기로 썬다.

3 양념장을 만든다.

4 냄비에 감자, 양념장을 넣고 강 불에서 끓어오르면 중불로 줄이고 감자가 다 익을 때까지 조린다.

5 감자가 다 익을 때까지 조린 후 양파를 넣고 1분 정도 더 졸인 후 통깨를 넣고 섞는다.

6 접시에 담아서 낸다.

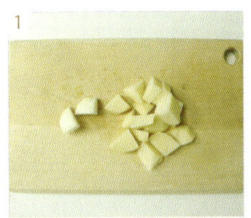
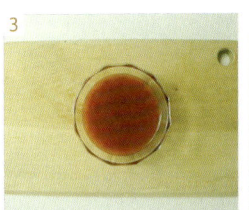

단호박조림

재료 준비하기

단호박 1/4통   표고버섯 1개   검은깨
(300g)   1/3스푼

양념 준비하기

+ 물 200mL

간장 2스푼   참기름 1스푼

단호박조림 만들기

1   단 호박을 깨끗하게 씻어서 속 씨를 제거하고 한입 크기로 자른다.

2   표고버섯은 4~6등분 한다.

3   양념장을 만든다.

4   냄비에 단 호박과 양념장, 표고를 넣고 중불에서 단호박이 덜 익을 때까지 조린다.

5   단 호박이 다 익으면 검은깨를 넣고 버무려 접시에 담는다.

고구마조림

재료 준비하기

고구마 1개(200g)   양파 1/2개

양념 준비하기

+ 물 200mL

간장 2스푼   검은깨 1/3   식용유
            스푼   1스푼

고구마조림 만들기

1 고구마는 깨끗이 씻어서 먹기 좋은 한입 크기로 자른다.

2 양파도 고구마와 같은 크기로 자른다.

3 양념장을 만든다.

4 냄비에 양념장과 고구마를 넣고 강 불에서 끓어오르면 중불로 줄인 후 양파를 넣고 고구마가 다 익
   을 때까지 조린다.

5 고구마가 다 익으면 검은깨를 넣고 섞어 접시에 담는다.

닭가슴살메추리알장조림

재료 준비하기

+ 물 500mL

닭가슴살 100g

양파 1개 (중)

메추리알 10알

양념장 준비하기

+ 물 200mL

간장 3스푼

올리고당
2스푼

닭가슴살메추리알장조림 만들기

1 양파를 굵게 채 썬다.

2 양념장을 만든다.

3 냄비에 채 썬 양파 그 위에 닭가슴살을 얹고 물 200mL를 넣고 중불에서 닭가슴살이 익을 때까지 익힌다.

4 다 익은 닭가슴살을 찢는다.

5 냄비에 물 500mL와 메추리 알을 넣고 강 불에서 삶아서 껍질을 제거한다.

6 냄비에 양념장과 메추리 알을 넣고 강 불에서 한소끔 끓어오르면 닭가슴살을 넣고 강 불에서 1분간 더
   조린다.

들깨두부조림

재료 준비하기

두부 1/2모 　　　대파 1/2대

양념 준비하기

+ 물 100mL

간장 　　　들깨가루 　　　다진 마늘
1/2스푼 　　1스푼 　　　1/2스푼

들깨두부조림 만들기

1　두부는 3등분 한다.

2　대파는 어슷 썬다.

3　양념장을 만든다.

4　냄비에 두부 그 위에 양념장을 얹어 강 불에서 2분 정도 조린다.

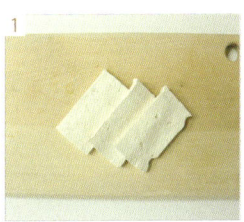  

입맛 돋우는 새콤달콤 무침 요리

入맛 돋우는
새콤달콤 무침 요리

황태채무침

재료 준비하기

황태채 50g	배 1/4쪽 (100g)	초고추장 2스푼	참기름 1스푼	다진 파 1스푼

황태채무침 만들기

1 배를 갈아서 즙을 만든다.

2 배즙에 황태를 넣고 살짝 절인다.

3 볼에 초고추장, 참기름, 다진 파를 넣고 양념을 만든다.

4 양념에 황태를 넣고 조물조물 무친다.

* 시중에서 파는 배즙을 이용해도 좋다.

  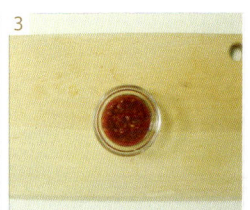

꼬막무침

재료 준비하기

+ 물 1L

꼬막 300g

양념장 준비하기

간장 2스푼 　설탕 1스푼 　참기름　 　통깨
　　　　　　　　　　　　　1/2스푼　 　1/2스푼

꼬막무침 만들기

1 꼬막은 깨끗하게 씻어서 끓는 물에 넣고 꼬막 입이 벌어질 때까지 삶는다.

2 양념장을 만든다.

3 꼬막 입이 벌어지면 물에 한 번 헹궈서 껍질을 버리고 속살만 준비한다.

4 볼에 양념장과 꼬막 살을 넣고 조물조물 무친다.

  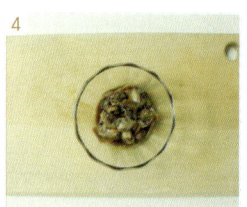

연근무침

재료 준비하기

+ 물 500mL

연근 200g   소금 1스푼

양념 준비하기

소금 1스푼   식초 2스푼   설탕 2스푼   통깨 1스푼

연근무침 만들기

1 연근은 씻어서 껍질을 제거한 후 링으로 썬다.

2 냄비에 물을 넣고 끓으면 소금과 연근을 넣고 살짝 데친다.

3 양념을 만든다.

4 데친 연근은 물기를 제거하고 양념에 버무린다.

고춧잎무침

재료 준비하기

+ 물 1L

고춧잎 200g

양념 준비하기

쌈장	들기름	다진 마늘	통깨
1/2스푼	1스푼	1/2스푼	1/2스푼

고춧잎무침 만들기

1 냄비에 물을 넣고 물이 끓으면 고춧잎을 넣고 강 불에서 살짝 삶는다.

2 삶은 고춧잎을 찬물에서 헹궈 물기를 제거하고 4~6등분 한다..

3 양념장을 만든다.

4 볼에 고춧잎, 양념을 넣고 조물조물 무친 후 접시에 담는다.

더덕무침

재료 준비하기

더덕 50g

양념 준비하기

| 고춧가루 1/2스푼 | 고추장 2스푼 | 통깨 1/2스푼 | 참기름 1/2스푼 |

더덕무침 만들기

1 더덕은 씻어서 흙을 제거하고 껍질을 벗긴다.

2 껍질 벗긴 더덕은 비닐에 넣고 방망이로 살살 두들겨가면서 납작하게 만든다.

3 납작해진 더덕을 찢는다.

4 양념장을 만든다.

5 볼에 양념장과 더덕을 넣고 무친다.

   * 큰 더덕은 심이 있어 중간 크기가 좋다.

 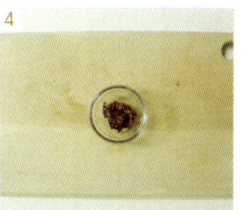

오이무침

재료 준비하기

오이 1개

양념 준비하기

고추장 1스푼　　다진 파　　참기름　　통깨
　　　　　　　1스푼　　1/2스푼　　1/2스푼

오이무침 만들기

1　오이는 깨끗하게 씻어서 반으로 잘라 어슷 썬다.

2　양념을 만든다.

3　볼에 오이와 양념을 넣고 조물조물 무친다.

4　접시에 담아서 낸다.

 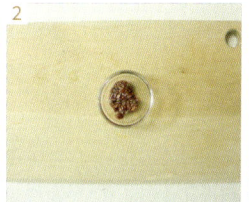 

황태채무침   고춧잎무침

꼬막무침   더덕무침

연근무침   오이무침

지글지글 입이 즐거운 전 요리

굴전

재료 준비하기

+ 다진 홍고추 1/2스푼, 다진 풋고추 1/2스푼

굴 100g | 달걀 1개 | 식용유 3스푼

굴전 만들기

1 굴을 씻어 물기를 제거한다.

2 달걀을 풀어서 달걀 물을 만든다.

3 달걀 물에 다진 홍고추, 다진 풋고추, 굴을 넣고 섞는다.

4 팬에 기름을 넣고 한 수저씩 떠서 앞, 뒤로 노릇하게 지진다.

매생이전

재료 준비하기

+ 물 60mL

매생이 50g   홍고추 1개   밀가루 40g   식용유
4스푼

매생이전 만들기

1   매생이를 깨끗하게 씻어서 물기를 제거한다.

2   밀가루에 물을 넣고 밀가루 물을 만든다.

3   홍고추는 씨를 제거하고 곱게 다진다.

4   밀가루 물에 매생이, 홍고추를 넣고 반죽한다.

5   팬에 식용유를 넣고 반죽을 한 수저씩 떠서 넣어 앞, 뒤로 노릇하게 지진다.

비지전

재료 준비하기

비지 100g   쑥갓 2대   홍고추 1개   찹쌀가루 3스푼   식용유 4스푼

비지전 만들기

1   홍고추는 링으로 썰어서 씨를 제거한다.

2   쑥갓은 잎을 떼어 놓는다.

3   볼에 비지와 찹쌀가루를 넣고 반죽한다.

4   팬에 식용유를 넣고 반죽을 한 수저씩 떠서 넣어 홍고추와 쑥갓으로 장식해서 앞, 뒤로 노릇하게 지진다.

5   접시에 담아서 낸다.

쑥갓장떡

재료 준비하기

+ 물 60mL

쑥갓 20g   고추장   밀가루 40g   식용유
1스푼   3스푼

쑥갓장떡 만들기

1 쑥갓은 깨끗하게 씻어서 물기를 제거한 다음 한입 크기로 자른다.

2 밀가루에 물, 고추장을 넣고 풀어서 고추장 밀가루 물을 만든다.

3 고추장 밀가루 물에 쑥갓을 넣고 반죽한다.

4 팬에 식용유를 넣고 반죽을 한 수저씩 떠서 넣어 앞, 뒤로 노릇하게 지진다.

고수전

재료 준비하기

고수 50g   홍고추 1개   식용유
3스푼   밀가루 40g

고수전 만들기

1   고수를 깨끗하게 씻어서 물기를 제거한 다음 한입 크기로 자른다.

2   밀가루에 물을 넣고 밀가루 물을 만든다.

3   홍고추는 씨를 제거하고 잘게 다진다.

4   밀가루 물에 고수, 홍고추를 넣고 반죽한다.

5   팬에 식용유를 넣고 반죽을 한 수저씩 떠서 넣어 앞, 뒤로 노릇하게 지진다.

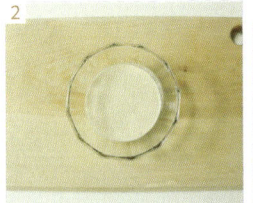

알배기배추전

재료 준비하기

+ 물 200mL

| 알배기 배춧잎 10장 | 홍고추 1/2개 | 청양고추 1/2개 | 밀가루 1컵 | 식용유 5스푼 |

알배기배추전 만들기

1 알배기 배춧잎을 깨끗하게 씻어서 물기를 제거한다.

2 물에 밀가루를 넣고 반죽 물을 만든다.

3 반죽 물에 다진 홍고추와 다진 청양고추를 넣고 섞는다.

4 다진 홍고추, 청양고추를 섞은 반죽 물에 알배기 배추를 담가 반죽 옷을 입힌다.

5 팬에 식용유를 넣고 반죽 옷을 입은 알배기 배추를 앞, 뒤로 노릇하게 지진다.

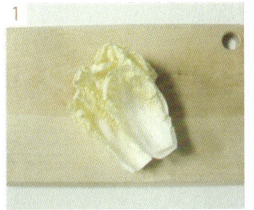  

호로록 국물, 찌개 음식

닭계장

재료 준비하기

+ 물 1L

| 닭가슴살 200g | 대파 1대 | 다진 마늘 1스푼 | 고춧가루 3스푼 | 액젓 4스푼 |

닭계장 만들기

1 냄비에 물을 넣고 닭가슴살을 삶는다.

2 삶은 닭가슴살은 굵게 찢고 육수는 체에 걸러 준비한다.

3 대파는 6cm 길이로 잘라서 2~4등분 한다.

4 팬에 대파, 고춧가루, 육수를 넣고 강 불에서 5분 정도 끓인 후 닭가슴살과 마늘을 넣고 한소끔 더
   끓인다.

5 불을 끄고 액젓으로 간을 맞춘다.

콩나물국

재료 준비하기

+ 물 600mL

| 콩나물 100g | 대파 1/2대 | 다진 마늘
1스푼 | 다시마 1장
(10x10cm) | 액젓 2스푼 |

콩나물국 만들기

1 물에 다시마를 넣고 20분 정도 두었다가 다시마를 건져내고 다시마 물을 준비한다.

2 콩나물을 깨끗하게 씻어서 체에 놓는다.

3 대파는 어슷 썬다.

4 다시마 물에 콩나물, 대파, 다진 마늘을 넣고 콩나물이 익을 때까지 강 불에서 끓인다.

5 콩나물이 다 익으면 불을 끄고 액젓으로 간을 맞춘다.

* 다시마를 길게 채 썰어서 콩나물국에 넣어 먹어도 좋다.

유부된장찌개

재료 준비하기

+ 물 300mL

유부 2장   애호박 50g   청양고추 2개   양파 1/4개   된장 2스푼

유부된장찌개 만들기

1   유부는 먹기 좋은 크기로 썰어서 끓는 물에 살짝 데친다.

2   호박, 양파 유부와 같은 크기로 자른다.

3   청양고추는 어슷 썬다.

4   뚝배기에 물, 된장, 호박, 청양고추, 양파, 유부를 넣고 끓인다.

참치김치찌개

재료 준비하기

+ 물 500mL

김치 200g　　참치 통조림 150g　　대파 1/2대　　후추가루
1/4스푼

참치김치찌개 만들기

1　김치는 먹기 좋은 한입 크기로 썰어 놓는다.

2　대파는 어슷 썬다.

3　냄비에 참치 통조림 기름을 넣고 김치를 볶는다.

4　볶은 김치에 물을 붓고 강 불에서 끓어오르면 중불로 줄여 김치가 익을 때까지 끓인다.

5　김치가 다 익으면 참치를 넣고 한 번 더 끓인 후 대파와 후춧가루를 넣고 한소끔 더 끓인 다음 불
　을 끈다.

가지냉국

재료 준비하기

+ 물 500mL

| 가지 1개 | 대파 1/2대 | 식초 2스푼 | 한식 간장 3스푼 | 통깨 1/2스푼 |

가지냉국 만들기

1 가지를 찜통에 쪄서 찢어 놓는다.

2 대파는 곱게 다진다.

3 가지, 대파, 한식 간장을 넣고 조물조물한다.

4 물에 가지를 넣고 식초와 통깨를 넣는다.

* 설탕을 넣어 새콤달콤하게 먹어도 좋다.

* 고춧가루나 청양고추를 송송 썰어 넣어도 좋다.

* 한식간장은 우리전통간장으로 메주를 소금물에 넣어 발효·숙성된 간장, 집 간장, 국 간장, 재래간장으로 불려진다.

맑은 대구탕

재료 준비하기

+ 물 700mL

| 손질된 대구 1마리 | 무 1/4개 (100g) | 대파 1대 | 액젓 3스푼 | 다진 마늘 1스푼 |

맑은 대구탕 만들기

1 손질된 대구는 깨끗이 씻어서 물기를 제거한다.

2 무는 사방 4x4cm로 나박하게 썬다.

3 대파는 어슷 썬다.

4 냄비에 물에 무를 넣고 강 불에서 물이 끓으면 대구, 다진 마늘, 대파를 넣고 대구가 익을 때까지 끓인다.

5 대구가 다 익으면 불을 끄고 액젓으로 간을 맞춘다.

* 끓어오를 때 거품을 걷어내면 맛이 더 깔끔해서 좋다.

돌나물물김치
참외깍두기
참나물겉절이

깻잎김치
무생채겉절이

쉽게 만드는 색다른 김치

돌나물물김치

재료 준비하기

돌나물 100g

국물 준비하기

+ 물 3컵(600mL)

자색 양파 1/2개   설탕 2스푼   고춧가루   소금 1스푼
                              1스푼

돌나물물김치 만들기

1 돌나물을 깨끗이 씻는다.

2 물에 고춧가루를 넣고 풀어서 체에 내려 국물을 만든다.

3 자색 양파를 곱게 채 썬다.

4 빨갛게 만든 국물에 돌나물, 양파, 설탕, 소금을 넣고 간을 맞춘다.

  * 풋내가 나지 않게 살살 씻는다.

참외깍두기

재료 준비하기

참외 1개(300g)　　쪽파 1부리

양념 만들기

고춧가루　　검은깨　　액젓 1스푼
1/2스푼　　1/4스푼

참외깍두기 만들기

1　참외를 깨끗이 씻어서 한입 크기로 자른다.

2　쪽파는 2cm 간격으로 썬다.

3　양념장을 만든다.

4　볼에 양념장, 자른 참외, 자른 쪽파를 넣고 무친다.

5　접시에 담아서 낸다.

  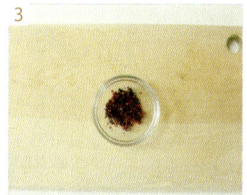

참나물겉절이

재료 준비하기

참나물 100g

양념 준비하기

| 대파 1/2대 | 고춧가루 2스푼 | 까나리액젓 1큰술 | 올리고당 2큰술 |

참나물겉절이 만들기

1   참나물은 깨끗이 씻어서 한입 크기로 자른다.

2   대파는 깨끗이 씻어서 반으로 길게 잘라서 4~5cm로 채 썬다.

3   그릇에 고춧가루, 까나리액젓, 올리고당을 넣고 양념장을 만든다.

4   양념장에 참나물과 채 썬 대파를 넣고 버무린다.

  * 참나물 양념을 봄동에 이용해도 좋다.

깻잎김치

재료 준비하기

깻잎 30장   양파 1/2개

양념장 준비하기

+ 물 3스푼

간장 3스푼   설탕   고춧가루
            1/2스푼   2스푼

깻잎김치 만들기

1   깻잎을 깨끗하게 씻어서 물기를 제거한다.

2   양파는 곱게 채 썬다.

3   양념장을 만들어서 채 썬 양파를 넣고 섞는다.

4   깻잎 2장에 양념장 1T를 넣고 그 위에 깻잎 2장 양념장 순으로 켜켜이 얹는다.

5   그릇에 담아서 낸다.

   * 금방 만들어서 먹어도 좋다.

무생채겉절이

재료 준비하기

무 1개(300g)   쪽파 1뿌리

재료 준비하기

고춧가루   액젓 2스푼   설탕 1스푼
2스푼

무생채겉절이 만들기

1   무는 깨끗이 씻어서 곱게 채 썬다.

2   대파는 5cm 길이로 잘라 채 썬다.

3   양념장을 만든다.

4   볼에 채 썬 무, 양념을 넣고 버무린다.

5   그릇에 담아낸다.

* 액젓 대신 소금을 사용해도 좋다.

채소카레라이스
삼색짜장밥
브로콜리볶음밥

스크램블덮밥
치즈버섯밥

한 그릇으로 행복한 밥 음식

(2인 기준)

채소카레라이스 (2인 기준)

재료 준비하기

+ 물 300mL

| 양파 1/4개 | 단호박 30g | 가지 1/4개 | 밥 2공기 | 카레 가루 5스푼 |

채소카레라이스 만들기

1　양파, 가지, 단 호박은 는 먹기 좋은 한입 크기로 자른다.

2　물에 카레 가루를 풀어 카레 물을 만든다.

3　냄비에 채소와 카레 물을 넣고 끓인다.

4　채소가 다 익으면 밥 위에 얹어서 낸다.

삼색짜장밥

재료 준비하기

+ 물 300mL

| 양파 1/4개 | 당근 1/8개(30g) | 애호박 30g | 밥 2공기 | 짜장 가루 5스푼 |

삼색짜장밥 만들기

1 양파, 당근, 호박은 먹기 좋은 한입 크기로 자른다.

2 물에 저장 가루를 풀어 자장 물을 만든다.

3 냄비에 채소와 저장물을 넣고 끓인다.

4 채소가 다 익으면 밥 위에 얹어서 낸다.

* 채소를 식용유에 볶다가 자장 물을 넣어도 좋다.

브로콜리볶음밥

재료 준비하기

브로콜리
1/4개(60g)

양파 1/4개

밥 2공기

소금 1스푼

식용유
2스푼

브로콜리볶음밥 만들기

1 브로콜리는 씻어서 물기를 제거하고 작은 크기로 자른다.

2 자른 브로콜리는 끓는 물에 소금을 넣고 살짝 데쳐낸다.

3 양파도 브로콜리와 같은 크기로 자른다.

4 팬에 식용유를 넣고 중불에서 양파를 넣고 볶다가 브로콜리, 밥을 넣고 2분간 볶는다.

5 다 볶으면 소금으로 간을 맞춘다.

스크램블덮밥

재료 준비하기

달걀 3개   밥 2공기   소금 1스푼   다진 파 3스푼   식용유 5스푼

스크램블덮밥 만들기

1   달걀을 풀어서 소금을 넣고 달걀 물을 만든다.

2   팬에 식용유를 넣고 강 불에서 달걀 물, 다진 파를 넣어 휘리릭 저어가면서 스크램블을 만든다.

3   그릇에 밥을 담고 스크램블을 얹는다.

치즈버섯밥

재료 준비하기

미니 새송이버섯   치즈 2장   밥 2공기   검은깨   식용유
5개   1/2스푼   3스푼

치즈버섯밥 만들기

1 미니 새송이버섯을 잘게 자른다,

2 팬에 식용유를 넣고 미니 새송이버섯 중불에서 살짝 볶는다.

3 살짝 볶은 미니 새송이버섯에 밥과 치즈를 넣고 한 번 더 볶는다.

4 불을 끄고 검은깨를 넣은 다음 섞어서 그릇에 담는다.

  * 참깨로 대체 가능하다

고추장수제비
뇨끼수제비
멸치칼국수

들깨수제비
토마토홍합국물파스타

따뜻한 국물과 함께하는 후루룩 맛있는 면 음식

고추장수제비

재료 준비하기

+ 물 25+700mL

밀가루 50g　　고추장　　소금　　다시마 1쪽　　대파 1/2대
　　　　　　　2스푼　　1/2스푼　(10x10cm)

고추장수제비 만들기

1　물 25mL에 밀가루, 소금을 넣고 반죽을 한다.

2　물에 다시마를 담가 20분 정도 둬서 다시마 물을 낸다.

3　대파는 어슷 썬다.

4　냄비에 다시마물, 고추장을 넣고 고추장을 풀어준다.

5　강 불에서 고추장 물이 끓으면 반죽을 떠 넣는다.

6　반죽이 다 익으면 대파를 넣고 소금을 간을 맞춘 다음 그릇에 담는다.

뇨끼수제비

재료 준비하기

+ 물 700mL

감자 1개　　대파 1/2대　　밀가루 50g　　액젓 3스푼　　다시마 1장
　　　　　　　　　　　　　　　　　　　　　　　　　　　　　　　　　(10x10cm)

뇨끼수제비 만들기

1　감자는 껍질을 벗겨서 삶아서 으깬 다음 밀가루와 같이 반죽해서 뇨끼 모양을 만든다.

2　물에 다시마를 담가 20분 정도 둬서 다시마 물을 낸다.

3　다시마 물에서 건진 다시마는 곱게 채 썬다.

4　대파는 어슷 썬다.

5　냄비에 다시마 물을 넣고 강 불에서 끓으면 반죽을 떠 넣는다.

6　반죽이 한소끔 끓어오르면 대파와 채 썬 다시마를 넣고 한 번 더 끓인다.

7　반죽이 다 익으면 액젓을 넣고 간을 맞춘 다음 그릇에 담는다.

* 감자의 수분에 따라 물을 첨가해서 반죽한다.

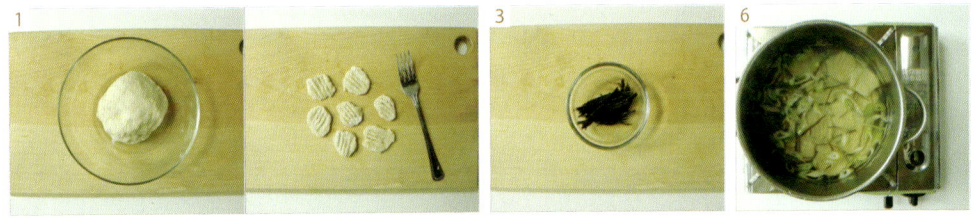

멸치칼국수

재료 준비하기

+ 물 25+700mL

| 멸치 20g | 밀가루 50g | 다진 마늘
1스푼 | 소금
1/2스푼 | 대파 1/2대 |

멸치칼국수 만들기

1 멸치를 맨 팬에 한 번 볶아서 비린 맛을 제거한다.

2 물 25mL에 밀가루를 넣고 반죽을 한다.

3 반죽을 밀대로 밀어서 넓게 만든 다음 접어서 채 썬다.

4 대파는 어슷 썬다.

5 물 700mL에 멸치를 넣고 중불에서 끓여서 멸치를 체로 건져내고 육수를 만든다.

6 육수가 끓으면 칼국수 면과 대파, 다진 마늘을 넣고 면이 익을 때까지 끓인다.

7 면이 다 익으면 소금으로 간을 맞추고 그릇에 담는다.

들깨수제비

재료 준비하기

+ 물 25+700mL

| 들깨가루 5스푼 | 밀가루 50g | 소금 1/2스푼 | 느타리버섯 100g | 대파 1/2대 |

들깨수제비 만들기

1   물 25mL에 밀가루를 넣고 반죽을 한다.

2   대파는 어슷 썬다.

3   느타리버섯은 찢어 놓는다.

4   냄비에 물 700mL를 넣고 강 불에서 끓으면 반죽을 한입 크기로 떠서 넣는다.

5   반죽을 다 넣고 대파, 느타리버섯, 들깻가루를 넣고 한소끔 끓어오르면 소금을 넣고 간을 맞춘 다음 그릇에 담는다.

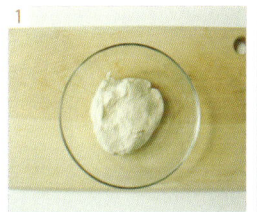  

토마토홍합국물파스타

재료 준비하기

+ 물 500mL+1L

| 홍합 500g | 파스타면 200g | 토마토소스
시판용 500g | 마늘 3톨 | 식용유
1스푼 |

토마토홍합국물파스타 만들기

1 홍합에 붙어있는 수염을 제거한다.

2 냄비에 물 500mL, 홍합을 넣고 강 불에서 10분 정도 끓여 체에 걸러 육수, 홍합 물(1컵, 200mL)
   을 준비한다.

3 냄비에 물 1L를 넣고 강 불에서 물이 끓으면 파스타 면을 넣고 10분간 삶는다.

4 마늘은 편으로 썬다.

5 팬에 식용유, 마늘을 넣고 볶다가 익힌 홍합 함께 넣어 강 불에서 2분 정도 볶는다.

6 냄비에 홍합 물 200mL와 토마토소스를 넣고 강 불에서 한 번 끓이다가 익힌 파스타 면을 넣고 잠
   깐 어우러지게 끓여 완성한다.

간단하게 만드는 근사한 메인 음식

달콤오징어볶음

재료 준비하기

오징어 1마리(200g)   양파 1/2개(중)

양념장 준비하기

굴소스 2스푼   참기름1스푼   올리고당 2스푼

달콤오징어볶음 만들기

1 오징어는 껍질을 벗기고 한입 크기로 자른다.

2 양파는 채 썰어 놓는다.

3 양념장을 만든다.

4 팬에 오징어, 양념장, 양파를 넣고 강 불에서 볶는다.

5 접시에 담아서 낸다.

* 오징어에 칼집을 넣어서 볶으면 모양이 더 좋다.

* 밥 위에 덮밥으로 먹어도 좋다.

* 강 불에서 빨리 볶아야 물이 덜 생긴다.

매콤돼지불고기볶음

재료 준비하기

불고깃감 돼지고기
200g

양념 준비하기

두반장	올리고당	참기름	맛술
2스푼 반	2스푼	1스푼	2스푼

매콤돼지불고기볶음 만들기

1   돼지고기 한입 크기로 자른다.

2   양념장을 만든다.

3   양념장에 돼지고기를 넣고 조물조물 무친다.

4   팬에 양념한 돼지고기를 넣고 강 불에서 볶다가 중 불로 바꿔서 볶는다.

5   접시에 담아서 낸다.

  * 기호에 따라 양파, 파를 추가해도 좋다.

떡갈비

재료 준비하기

다진 소고기 300g   양파 1/2개

양념 준비하기

간장 3스푼   올리고당   참기름
             1스푼   1스푼

떡갈비 만들기

1 양파를 곱게 다진다.

2 양념장을 만든다.

3 소고기에 양념장, 다진 양파를 넣고 치대서 반대기를 만든다.

4 팬에 반대기를 넣고 중불에서 앞, 뒤로 노릇하게 굽는다.

* 반대기- 가루를 반죽한 것이나 삶은 푸성귀 따위를 평평하고 둥글넓적하게 만든 조각.

* 소고기는 핏물을 제거해야 누린내가 안 난다. 소고기를 키친타올에 올려 핏물을 제거한다.

* 팬에 식용유를 넣고 앞, 뒤로 노릇하게 구워도 좋다.

돼지찹쌀구이

재료 준비하기

편채용 돼지고기   찹쌀가루   식용유
200g   1/4컵   5스푼

양념장 준비하기

+ 물 1스푼

한식 간장   강황 가루
2스푼   1/2스푼

돼지찹쌀구이 만들기

1   양념장을 만든다.

2   편채용 돼지고기에 양념장을 발라 밑간을 한다.

3   밑간한 돼지고기에 찹쌀가루를 묻힌다.

4   팬에 식용유를 넣고 찹쌀가루 묻힌 돼지고기를 넣고 중불에서 앞, 뒤로 노릇하게 굽는다.

5   접시에 담아서 낸다.

    * 불고깃감을 사용해도 좋다.

미니시금치함박스테이크

재료 준비하기

| 소고기 다짐육 100g | 시금치 30g | 굴소스 1스푼 | 빵가루 1스푼 | 식용유 3스푼 |

미니시금치함박스테이크 만들기

1 시금치를 데쳐서 물기를 제거한 다음 잘게 자른다.

2 소고기 다짐육의 핏물을 제거하고 굴 소스, 시금치, 빵가루를 넣고 반죽한다.

3 반죽을 한입 크기로 동그랗게 완자처럼 만든다.

4 팬에 기름을 넣고 반죽을 넣어서 중불에서 앞, 뒤로 노릇하게 굽는다.

5 접시에 담아서 낸다.

* 양파 다진 것을 추가해도 좋다.

* 크게 한 덩어리로 만들어도 좋다.

매콤낙지볶음

재료 준비하기

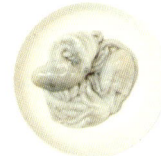

낙지 1마리

양념 준비하기

두반장 2스푼　　고춧가루　　올리고당　　참기름
　　　　　　　 2스푼　　　 3스푼　　　 1스푼

매콤낙지볶음 만들기

1 낙지는 머리의 내장을 제거하고 끓는 물에 살짝 데친다.

2 양념장을 만든다.

3 데친 낙지는 한입 크기로 자른다.

4 양념장에 자른 낙지를 넣고 조물조물 무친다.

5 팬에 양념한 낙지를 넣고 강 불에서 볶는다.

* 낙지를 데쳐서 사용하면 물이 덜 생긴다.

* 양파, 호박, 대파 등 다른 채소를 넣어도 좋다.

버터갈릭새우

재료 준비하기

새우 10~12마리(중)　　마늘 2톨　　버터 3스푼　　후추가루 1/4스푼　　식용유 2스푼

버터갈릭새우 만들기

1　새우는 깨끗이 씻어 키친 타올로 물기를 제거한다.

2　마늘은 굵게 다지고, 버터는 상온에 두어 말랑하게 크림 상태로 만들어 섞어준다.

3　마늘과 버터에 새우를 버무려 준다.

4　팬에 식용유를 넣고 중불에서 새우를 뒤집어가며 앞뒤로 노릇하게 굽는다.

5　다 굽고 나서 맨 마지막에 후추를 넣어준다.

* 바게트 빵과 함께 먹어도 맛있다.

 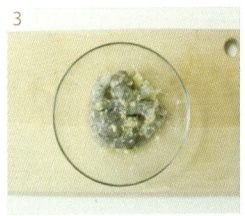 

연어스테이크

재료 준비하기

구이용 연어 200g 양파 1/4개 레몬즙 1/2스푼 허브 솔트 1/2스푼 마요네즈 3스푼

연어스테이트 만들기

1 연어는 허브 솔트로 밑간한다.

2 팬에 연어를 넣고 중불에서 노릇하게 굽는다.

3 양파는 곱게 다진다.

4 마요네즈, 다진 양파 레몬즙을 넣어 소스를 만든다.

5 접시에 연어를 담고 소스를 곁들인다.

감자스테이크

재료 준비하기

| 감자 2개 | 양파 1/4개 | 빵가루 3큰술 | 소금 1/4큰술 | 식용유 2큰술 |

감자스테이크 만들기

1 감자는 껍질을 제거하고 등분을 해서 삶아 으깬다.

2 양파는 곱게 다져서 맨 팬에서 볶아 식힌다.

3 으깬 감자, 양파, 빵가루, 소금을 넣고 치대서 동그랗게 만든다.

4 팬에 식용유를 넣고 중불에서 감자 스테이크를 굽는다.

5 접시에 담아서 낸다.

* 스테이크소스, 케첩과 같이 먹어도 좋다.

물 빼고 다섯 가지 재료,
초간편 집밥 레시피

펴낸날 2020년 10월 21일

지은이 최은숙, 박슬기
펴낸이 주계수 | **편집책임** 이슬기 | **꾸민이** 김소은

펴낸곳 밥북 | **출판등록** 제 2014-000085 호
주소 서울시 마포구 양화로 59 화승리버스텔 303호
전화 02-6925-0370 | **팩스** 02-6925-0380
홈페이지 www.bobbook.co.kr | **이메일** bobbook@hanmail.net

© 최은숙, 박슬기, 2020.
ISBN 979-11-5858-719-2 (13590)

※ 이 도서의 국립중앙도서관 출판시도서목록(CIP)은 e-CIP 홈페이지(http://www.nl.go.kr/cip)에서 이용하실 수
있습니다. (CIP 2020042631)